PISTAS DE ANIMALES

# Mi cola es larga y rayada

por Joyce Markovics

WITHDRAWN

**Consultores:**
**Christopher Kuhar, PhD**
**Director Ejecutivo**
**Zoológicos de la ciudad de Cleveland, Ohio**

**Kimberly Brenneman, PhD**
**Instituto Nacional para la Investigación de la Educación Temprana**
**Universidad de Rutgers**
**New Brunswick, Nueva Jersey**

BEARPORT
PUBLISHING

New York, New York

**Créditos**
Cubierta, © Hemera/Thinkstock; 4–5, © iStockphoto/Thinkstock; 6–7, © LVV/
Shutterstock; 8–9, © David Ryznar/Shutterstock; 10–11, © Skifenok/Dreamstime.
com; 12–13, © David & Micha Sheldon; 14–15, © Hal Brindley/Shutterstock; 16–17,
© Hemera/Thinkstock; 18–19, © iStockphoto/Thinkstock; 20–21, © iStockphoto/
Thinkstock; 22, © iStockphoto/Thinkstock; 23, © NREY/Shutterstock; 24T, © NREY/
Shutterstock; 24B, © iStockphoto/Thinkstock.

Editor: Kenn Goin
Editora principal: Joyce Tavolacci
Director creativo: Spencer Brinker
Diseñadora: Debrah Kaiser
Editora de fotografía: Michael Win
Editora de español: Queta Fernandez

*Datos de catalogación de la Biblioteca del Congreso*

Markovics, Joyce L., author.
  [My tail is long and striped. Spanish]
  Mi cola es larga y rayada / Joyce Markovics; consultores: Christopher Kuhar, PhD, Director
Ejecutivo, Zoológicos de la ciudad de Cleveland, Ohio; Kimberly Brenneman, PhD, Instituto
Nacional para la Investigación de la Educación Temprana, Universidad de Rutgers, New Brunswick,
Nueva Jersey.
      pages cm. — (Pistas de animales)
  Includes bibliographical references and index.
  ISBN 978-1-62724-586-9 (library binding) — ISBN 1-62724-586-3 (library binding)
  1.  Ring-tailed lemur—Juvenile literature.  I. Title.
  QL737.P95M3618 2015
  599.8'3—dc23
                                    2014031735

Para más información, escriba a Bearport Publishing Company, Inc., 45 West 21st Street, Suite 3B,
New York, New York 10010. Impreso en los Estados Unidos de América.

10 9 8 7 6 5 4 3 2 1

# Contenido

# ¿Qué soy?

Mira mis ojos.

4

Son grandes y
amarillos.

5

Mis orejas
son blancas
y peludas.

Tengo una nariz
redonda y negra.

8

Mi piel es gruesa.

10

Es gris y
blanca.

12

Tengo cinco dedos
en cada mano.

13

Mis colmillos son
blancos y afilados.

14

15

Tengo una cola
larga y rayada.

Las rayas son
blancas y negras.

¿Qué soy?

18

# ¡Vamos a averiguarlo!

19

¡Soy un lémur de cola anillada!

21

# Datos sobre el animal

Los lémures de cola anillada son mamíferos. Como casi todos los mamíferos, dan a luz criaturas vivas. Las crías toman leche de sus madres. Los mamíferos también tienen la piel cubierta de pelos o pelaje.

## Más datos sobre los lémures de cola anillada

| | |
|---|---|
| **Comida:** | frutas, flores, hojas, cortezas y savia de árboles |
| **Tamaño:** | 40 pulgadas (102 cm) de largo, incluyendo la cola |
| **Peso:** | hasta 7,5 libras (3,4k g) |
| **Esperanza de vida:** | hasta 18 años, en su ambiente natural |
| **Dato curioso:** | Los lémures de cola anillada tienen unos dientes especiales que usan para peinarse el pelaje. |

Tamaño de un lémur adulto

# ¿Dónde vivo?

Los lémures de cola anillada viven en la isla de Madagascar que pertenece a África. Viven en selvas, donde saltan de árbol en árbol.

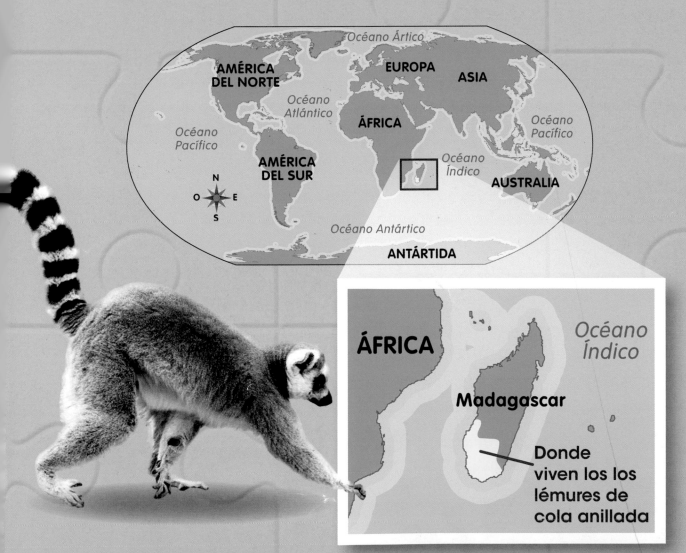

Océano Ártico

AMÉRICA DEL NORTE

EUROPA

ASIA

Océano Atlántico

ÁFRICA

Océano Pacífico

Océano Pacífico

AMÉRICA DEL SUR

Océano Índico

AUSTRALIA

N O E S

Océano Antártico

ANTÁRTIDA

ÁFRICA

Océano Índico

Madagascar

Donde viven los los lémures de cola anillada

# Índice

# Lee más

**Ganeri, Anita.** *Lemur (A Day in the Life: Rain Forest Animals)*. Chicago: Heinemann (2011).

**Riley, Joelle.** *Ring-Tailed Lemurs (Early Bird Nature Books)*. Minneapolis, MN: Lerner (2009).

# Aprende más en línea

Para aprender más sobre los lémures de cola anillada, visita **www.bearportpublishing.com/ZooClues**

# Acerca de la autora

Joyce Markovics vive junto al río Hudson, en Tarrytown, Nueva York. Le gusta estar rodeada de criaturas que tengan pelos, aletas y plumas.